TEXAS
FUENTE DE ESCRITURA

Guía de ortografía

D1621766

GREAT SOURCE.

HOUGHTON MIFFLIN HARCOURT

ISBN 978-0-547-44094-1

2 3 4 5 6 7 8 9 10 0877 19 18 17 16 15 14 13 12 11

4500305940 B C D E F G

Art Credits:
3 © Comstock/Getty Images 7 Ingram Publishing/Getty Images 31 © Photodisc/Getty Images 43 © Ingram Publishing/Getty Images 51 © Comstock/Getty Images 55 © Ablestock.com/Jupiter Images

CONTENIDO

Lección 1

En esta lección, aprenderás las reglas ortográficas de las **palabras agudas.** Algunos ejemplos de palabras agudas son: **saltar** y **papá.**

Lee las palabras de ortografía y las oraciones.

avión

jamás

café

volar

subir

despegar

además

nadar

gravedad

balón

1. Mi papá viajó a Europa en **avión.**
2. Yo **jamás** llego tarde a la escuela.
3. Mi mamá desayuna con **café** con crema.
4. El pajarito todavía no sabe **volar.**
5. Me gusta **subir** a los árboles.
6. El avión no pudo **despegar** a tiempo.
7. **Además** de jugar al fútbol, juego al tenis.
8. Los niños van a **nadar** al mar.
9. La fuerza de **gravedad** atrae los objetos hacia el suelo.
10. Pedro pateó el **balón** muy fuerte e hizo un gol.

Clasifica las palabras de ortografía en dos grupos. Fíjate en las palabras que llevan acento ortográfico y en las que solo tienen acento prosódico. Luego usa las siguientes preguntas para descubrir las reglas ortográficas.

- ¿Cuál es la sílaba tónica, es decir, la que tiene el acento prosódico, de estas palabras?

- ¿En qué letras terminan las palabras que llevan acento ortográfico?

- Piensa en otros ejemplos de palabras agudas. Utiliza fuentes impresas o electrónicas (diccionarios, glosarios, manuales) para determinar cómo se escriben correctamente.

TEKS 5.22A(i), 5.22F

Aprende la regla ortográfica.

Las **palabras agudas** tienen el acento prosódico en la última sílaba. Se escribe acento ortográfico en las palabras agudas que terminan en *-n, -s* o vocal.

sal-**tar**

pa-**pá**

La palabra *saltar* tiene el acento prosódico en la última sílaba, pero no termina en *-n, -s* o vocal. La palabra *papá* termina en vocal y la sílaba acentuada lleva acento ortográfico.

Practica separar en sílabas las palabras de esta semana. Responde

las preguntas y completa las oraciones.

1. ¿Qué puedes hacer en una piscina?
2. Me gusta jugar con mi ___ en la playa.
3. ¿A qué le pones azúcar?
4. ¿En qué viajas a otro continente?
5. Las gaviotas pueden ___.
6. ___ pierdas las llaves de tu casa.
7. ___ de estudiar, debes divertirte un poco.
8. ¿Cómo se llama la fuerza que nos atrae a la Tierra?
9. ¿Qué es lo contrario de *bajar*?
10. El cohete va a ___ esta tarde.

Escribe las palabras. Escribe las palabras de

ortografía en una hoja aparte. Usa la regla ortográfica que aprendiste para verificar si las has escrito correctamente. Luego escribe una oración con cada palabra para demostrar que sabes lo que significa.

Lección 2

En esta lección, aprenderás las reglas ortográficas de las **palabras agudas**. Algunos ejemplos de palabras agudas son: **mirar** y **solución**.

Lee las palabras de ortografía y las oraciones.

matiz
robot
simulador
atrás
alejó
espacial
mejor
estación
dormir
cantar

1. ¿Qué **matiz** de color usarás en tu proyecto?
2. Quiero tener un **robot** que haga mis tareas.
3. En el centro espacial, vimos un **simulador** de vuelo.
4. La atleta se lastimó y quedó **atrás** en la carrera.
5. El tren se **alejó** a gran velocidad.
6. Los astronautas usan un traje **espacial** para ir a Marte.
7. La maestra leyó la **mejor** historia de la clase.
8. Mi **estación** del año preferida es la primavera.
9. Después de comer, al gato le gusta **dormir**.
10. Jazmín sueña con **cantar** y ser famosa.

Clasifica las palabras de ortografía en dos grupos. Fíjate en las palabras que llevan acento ortográfico y en las que solo tienen acento prosódico. Luego usa las siguientes preguntas para descubrir las reglas ortográficas.

- ¿En qué sílaba tienen las palabras el acento prosódico?
- ¿En qué letra terminan las palabras que NO llevan acento ortográfico?
- Piensa en otros ejemplos de palabras agudas. Utiliza fuentes impresas o electrónicas (diccionarios, glosarios, manuales) para determinar cómo se escriben correctamente.

⭐ **TEKS** 5.22A(i), 5.22F

Aprende la regla ortográfica.

Las **palabras agudas** tienen el acento prosódico en la última sílaba. Se escribe acento ortográfico en las palabras agudas que terminan en -n, -s o vocal.

mi-**rar**

so-lu-**ción**

La palabra *mirar* tiene el acento prosódico en la última sílaba, pero no termina en -n, -s o vocal. La palabra *solución* termina en -n y la sílaba acentuada lleva acento ortográfico.

Practica separar en sílabas las palabras de esta semana. Responde las preguntas y completa las oraciones.

1. ¿Qué puedes hacer con un micrófono?
2. El ___ parece humano y camina.
3. ¿Qué palabra rima con *remojó*?
4. El ___ estudiante recibirá una felicitación del director.
5. Mi amigo se sienta en la fila de ___.
6. ¿Qué haces cuando tienes sueño?
7. El pintor usó un nuevo ___ en su cuadro.
8. ¿Qué es alguien que dice ser lo que no es?
9. La nave ___ despegará rumbo a Marte.
10. ¿Dónde viven los astronautas durante sus viajes?

Escribe las palabras. Escribe las palabras de ortografía en una hoja aparte. Usa la regla ortográfica que aprendiste para verificar si las has escrito correctamente. Luego escribe una oración con cada palabra para demostrar que sabes lo que significa.

 **TEKS** 5.22A(ii), 5.22F

Lección 3

En esta lección, aprenderás las reglas ortográficas de las **palabras graves.** Algunos ejemplos de palabras graves son: **caja** y **útil**.

Lee las palabras de ortografía y las oraciones.

amiga

álbum

podio

trébol

parque

fértil

debate

decorado

césped

helado

1. Julieta es mi mejor **amiga.**

2. Haré un **álbum** con las fotos del viaje.

3. El ganador ocupa el primer lugar en el **podio.**

4. Mi mamá tiene un **trébol** para la buena suerte.

5. Mi perro disfruta cuando pasea por el **parque.**

6. La tierra del desierto no es **fértil.**

7. Los candidatos a presidente hicieron un **debate.**

8. La obra de teatro tiene un **decorado** hermoso.

9. Mi papá corta el **césped** todos los sábados.

10. Todos los domingos tomo un **helado** delicioso.

Clasifica las palabras de ortografía en dos grupos. Fíjate cuáles son

las que llevan acento ortográfico. Luego usa las siguientes preguntas para descubrir las reglas ortográficas.

- ¿Cuál es la sílaba tónica de estas palabras?

- ¿En qué letra terminan las palabras que llevan acento ortográfico?

- Piensa en otros ejemplos de palabras graves. Utiliza fuentes impresas o electrónicas (diccionarios, glosarios, manuales) para determinar cómo se escriben correctamente.

TEKS 5.22A(ii), 5.22F

Aprende la regla ortográfica.

Las **palabras graves** tienen el acento prosódico en la penúltima sílaba. Se escribe acento ortográfico en las palabras graves que *no* terminan en *-n, -s* o vocal.

ca-ja

ú-til

La palabra *caja* no lleva acento ortográfico porque termina en vocal. La palabra *útil* tiene el acento prosódico en la penúltima sílaba y *no* termina en *-n, -s* o vocal; por lo tanto, lleva acento ortográfico.

Practica separar en sílabas las palabras de esta semana. Responde las preguntas y completa las oraciones.

1. El ___ entre los candidatos fue muy interesante.
2. ¿Qué palabra rima con *huésped*?
3. Dicen que el ___ trae buena suerte.
4. ¿Qué tomas cuando hace mucho calor?
5. Mi mejor ___ cumple años mañana.
6. Los ganadores de la carrera subieron al ___.
7. ¿Cómo se llama el lugar donde los niños juegan?
8. ¿Cómo debe ser la tierra para plantar flores?
9. Pondré todos los recuerdos del viaje en un ___.
10. ¿Qué hay en el escenario de una obra de teatro?

Escribe las palabras.

Escribe las palabras de ortografía en una hoja aparte. Usa la regla ortográfica que aprendiste para verificar si las has escrito correctamente. Luego escribe una oración con cada palabra para demostrar que sabes lo que significa.

 TEKS 5.22A(ii), 5.22F

Lección 4

En esta lección, aprenderás las reglas ortográficas de las **palabras graves.** Algunos ejemplos de palabras graves son: **parte** y **mármol.**

Lee las palabras de ortografía y las oraciones.

árbol

centavos

líder

planes

fútbol

elecciones

lápiz

fondos

lluvia

ángel

1. El **árbol** del parque es muy antiguo.
2. Tengo solo unos **centavos** para comprar dulces.
3. El **líder** de los rebeldes dio un discurso.
4. Nuestros **planes** se alteraron por la nevada.
5. Mi hermano es capitán del equipo de **fútbol.**
6. Ella era la candidata más firme en las **elecciones.**
7. Ayer perdí mi **lápiz** en la escuela.
8. Los **fondos** de la colecta desaparecieron.
9. La **lluvia** arruinó nuestro paseo.
10. Mi amigo dibujó un **ángel** que baja del cielo.

Clasifica las palabras de ortografía en dos grupos. Fíjate cuáles son las que llevan acento ortográfico. Luego usa las siguientes preguntas para descubrir las reglas ortográficas.

- ¿En qué sílaba tienen las palabras el acento prosódico?
- ¿En qué letra terminan las palabras que llevan acento ortográfico? ¿Y las que no lo tienen?
- Piensa en otros ejemplos de palabras graves. Utiliza fuentes impresas o electrónicas (diccionarios, glosarios, manuales) para determinar cómo se escriben correctamente.

TEKS 5.22A(ii), 5.22F

Aprende la regla ortográfica.

Las **palabras graves** tienen el acento prosódico en la penúltima sílaba. Se escribe acento ortográfico en las palabras graves que *no* terminan en *-n, -s* o vocal.

par-te

már-mol

La palabra ***parte*** no lleva acento ortográfico porque termina en vocal. La palabra ***mármol*** tiene el acento prosódico en la penúltima sílaba y *no* termina en *-n, -s* o vocal; por lo tanto, lleva acento ortográfico.

Practica separar en sílabas las palabras de esta semana. Responde

las preguntas y completa las oraciones.

1. ¿Dónde hacen su nido los pájaros?
2. ¿A qué puedes jugar con un balón?
3. El ___ de los manifestantes los alentó a expresarse.
4. ¿Con qué escribes tu tarea?
5. Los estudiantes votaron en las ___ escolares.
6. ¿Con qué puedes comprar una pluma?
7. Los ___ de la venta de pasteles se donan a caridad.
8. ¿Cómo se llama el agua que cae del cielo?
9. Dibujé un ___ con alas y corona.
10. Tenemos ___ para viajar a la costa de vacaciones.

Escribe las palabras. Escribe las palabras de

ortografía en una hoja aparte. Usa la regla ortográfica
que aprendiste para verificar si las has escrito
correctamente. Luego escribe una oración con cada palabra
para demostrar que sabes lo que significa.

⭐ **TEKS** 5.22A(iii), 5.22F

Lección 5

En esta lección, aprenderás las reglas ortográficas de las ***palabras esdrújulas***. Algunos ejemplos de palabras esdrújulas son: ***tómalo, mecánico*** y ***pájaro***.

Lee las palabras de ortografía y las oraciones.

mágica	1. Aladino se fue volando en su alfombra **mágica**.
unísono	2. Los niños cantaron al **unísono**.
número	3. Mi **número** preferido es el nueve.
México	4. Mi tía Jacinta vive en **México**.
lágrima	5. Cayó una **lágrima** sobre la mesa.
jóvenes	6. Los **jóvenes** jugaron en el río.
idénticas	7. Luisa y Josefina son **idénticas**.
eléctrico	8. El sistema **eléctrico** no funciona.
rápido	9. Julián es el más **rápido** de la clase.
lámpara	10. Esta **lámpara** alumbra muy bien.

Clasifica las palabras de ortografía en dos grupos. Observa las palabras de ortografía y clasifícalas según tengan tres sílabas o más. Luego responde las siguientes preguntas para descubrir las reglas ortográficas.

- ¿Cómo clasificaste las palabras?

- ¿Qué tienen en común todas las palabras?

- Piensa en otros ejemplos de palabras esdrújulas. Utiliza fuentes impresas o electrónicas (diccionarios, glosarios, manuales) para determinar cómo se escriben correctamente.

TEKS 5.22A(iii), 5.22F

Aprende la regla ortográfica.

La sílaba tónica, o con acento prosódico, de las **palabras esdrújulas** es la antepenúltima. Estas palabras *siempre* se escriben con acento ortográfico.

tó-ma-lo   me-**cá**-ni-co   **pá**-ja-ro

Las palabras esdrújulas pueden tener tres, cuatro e incluso cinco sílabas pero la sílaba tónica siempre es la antepenúltima.

Practica separar en sílabas las palabras de esta semana. Responde las preguntas y completa las oraciones.

1. Las hermanas mellizas de cuarto grado son ___.

2. ¿Qué objeto usas para iluminar tu habitación?

3. Los estudiantes leyeron el poema al ___.

4. ¿Qué palabra rima con "húmero"?

5. El taco es una comida tradicional de ___.

6. El mago hizo un truco con la varita ___.

7. ¿Qué sale de los ojos cuando lloras?

8. A Esteban le regalaron un tren ___ para Navidad.

9. ¿Qué palabra significa lo opuesto a *viejos*?

10. ¿Cuál es el antónimo de *lento*?

Escribe las palabras. Escribe las palabras
de ortografía en una hoja aparte. Usa la regla ortográfica
que aprendiste para verificar si las has escrito
correctamente. Luego escribe una oración con cada
palabra para demostrar que sabes lo que significa.

TEKS 5.22A(iii), 5.22F

Lección 6

En esta lección, aprenderás las reglas ortográficas de las ***palabras esdrújulas***. Algunos ejemplos de palabras esdrújulas son: ***régimen***, ***ecológico*** y ***matemáticas***.

Lee las palabras de ortografía y las oraciones.

simplísimo
triángulo
cálido
ágiles
atléticos
sólido
ínfimo
hexágono
helicóptero
esdrújula

1. Este problema es ***simplísimo***.

2. El ***triángulo*** es una figura geométrica de tres lados.

3. El clima de esta región es ***cálido***.

4. Los corredores son deportistas muy ***ágiles***.

5. Los saltos con garrocha son desafíos ***atléticos***.

6. Lograron la victoria gracias a un ***sólido*** ataque.

7. Con un esfuerzo ***ínfimo*** puedes conseguir resultados.

8. La figura geométrica de seis lados se llama ***hexágono***.

9. Ayer viajé por primera vez en ***helicóptero***.

10. *Muévete* es una palabra ***esdrújula***.

Clasifica las palabras de ortografía en dos grupos. Observa las palabras de ortografía y clasifícalas según tengan tres sílabas o más. Luego responde las siguientes preguntas para descubrir las reglas ortográficas.

- ¿Cómo clasificaste las palabras?

- ¿Todas las palabras llevan acento ortográfico? ¿En qué sílaba lo llevan?

- Piensa en otros ejemplos de palabras esdrújulas. Utiliza fuentes impresas o electrónicas (diccionarios, glosarios, manuales) para determinar cómo se escriben correctamente.

TEKS 5.22A(iii), 5.22F

Aprende la regla ortográfica.

La sílaba tónica, o con acento prosódico, de las **palabras esdrújulas** es la antepenúltima. Estas palabras *siempre* se escriben con acento ortográfico.

ré-gi-men   e-co-**ló**-gi-co   ma-te-**má**-ti-cas

Las palabras esdrújulas pueden tener tres, cuatro e incluso cinco sílabas pero la sílaba tónica siempre es la antepenúltima.

Practica separar en sílabas las palabras de esta semana. Responde las preguntas y completa las oraciones.

1. ¿Qué figura geométrica tiene tres lados?
2. ¿Cuál es el antónimo de *frío*?
3. *Tácito* es una palabra ___.
4. El hielo es agua en estado ___.
5. ¿Qué medio de transporte tiene hélices?
6. ¿Cómo se llama la figura geométrica de seis lados?
7. ¿Qué palabra de ortografía es un sinónimo de *mínimo*?
8. El antónimo de *complicadísimo* es ___
9. Los felinos son animales muy ___.
10. El entrenamiento es muy importante en los deportes ___.

Escribe las palabras. Escribe las palabras de ortografía en una hoja aparte. Usa la regla ortográfica que aprendiste para verificar si las has escrito correctamente. Luego escribe una oración con cada palabra para demostrar que sabes lo que significa.

TEKS 5.22A(iv), 5.22F

Lección 7

En esta lección, aprenderás las reglas ortográficas de las *palabras sobresdrújulas.* Algunos ejemplos de palabras sobresdrújulas son: *explícaselo, véndemelo* y *fatídicamente.*

Lee las palabras de ortografía y las oraciones.

devuélvemela
dígaselo
increíblemente
difícilmente
cálidamente
específicamente
recuérdamelo
cuéntamelo
fríamente
rápidamente

1. ¡Esa es mi playera! *¡Devuélvemela!*
2. No lo oculte más, *¡dígaselo* de una vez!
3. Mi equipo favorito ganó *increíblemente.*
4. *Difícilmente* asista a la reunión.
5. Nuestros abuelos nos recibieron *cálidamente.*
6. No es *específicamente* lo que quise decir.
7. No sé cómo sigue el texto. *Recuérdamelo,* por favor.
8. Aunque sea un secreto, *¡cuéntamelo!*
9. Estudió *fríamente* la situación.
10. Corrió *rápidamente* hacia donde estábamos.

Clasifica las palabras de ortografía en cuatro grupos. Observa las

palabras de ortografía y clasifícalas según la cantidad de sílabas que tengan. Luego responde las siguientes preguntas para descubrir las reglas ortográficas.

- ¿Cómo clasificaste las palabras?

- ¿Qué tienen en común todas las palabras?

- Piensa en otros ejemplos de palabras sobresdrújulas. Utiliza fuentes impresas o electrónicas (diccionarios, glosarios, manuales) para determinar cómo se escriben correctamente.

⭐ **TEKS** 5.22A(iv), 5.22F

Aprende **la regla ortográfica.**

Las **palabras sobresdrújulas** llevan el acento prosódico en una sílaba anterior a la antepenúltima, es decir, que la sílaba tónica está antes de la antepenúltima sílaba. Las palabras sobresdrújulas *siempre* se escriben con acento ortográfico.

ex-**plí**-ca-se-lo   **vén**-de-me-lo   fa-**tí**-di-ca-men-te

Muchas palabras sobresdrújulas son formas verbales o adverbios terminados en -*mente*.

Practica **separar en sílabas las palabras de esta semana.** Responde las preguntas y completa las oraciones.

1. Esa era mi silla, ¡___!
2. ¿Cuál es el adverbio de *increíble*?
3. ¿Qué palabra es un sinónimo de *dificultosamente*?
4. Cuando llegamos a México, la gente nos recibió ___.
5. Nos pidió que compráramos ___ ese color.
6. No sé qué tema continúa, ¡ ___ !
7. ¿Qué palabra es un sinónimo de *dímelo*?
8. Cuando mi hermano está enojado, me trata ___.
9. ¿Cuál es el adverbio de *rápido*?
10. ¿Cuál es el antónimo de *ocúlteselo*?

Escribe **las palabras.** Escribe las palabras de ortografía en una hoja aparte. Usa la regla ortográfica que aprendiste para verificar si las has escrito correctamente. Luego escribe una oración con cada palabra para demostrar que sabes lo que significa.

 **TEKS** 5.22A(iv), 5.22F

Lección 8

En esta lección, aprenderás las reglas ortográficas de las ***palabras sobresdrújulas.*** Algunos ejemplos de palabras sobresdrújulas son: ***públicamente, estúdiatelo*** y ***corrígemelo.***

Lee **las palabras de ortografía y las oraciones.**

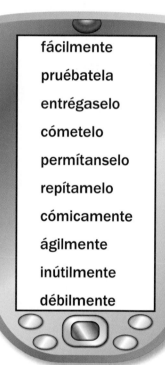

fácilmente
pruébatela
entrégaselo
cómetelo
permítanselo
repítamelo
cómicamente
ágilmente
inútilmente
débilmente

1. Aprobó el examen ***fácilmente.***
2. ***Pruébatela*** para ver si es tu talla.
3. Eso no es tuyo, ***¡entrégaselo!***
4. No dejes el taco por la mitad, ***¡cómetelo*** todo!
5. Si alguien debe pasar con urgencia, ***¡permítanselo!***
6. ***Repítamelo***, por favor; no le he entendido bien.
7. Se tropezó ***cómicamente.***
8. Tarzán se mueve ***ágilmente*** por la selva.
9. ***Inútilmente*** intenté una y otra vez entender el texto.
10. Se levantó del suelo ***débilmente***.

Clasifica **las palabras de ortografía en dos grupos.** Observa las palabras de ortografía y clasifícalas según la cantidad de sílabas que tengan. Luego responde las siguientes preguntas para descubrir las reglas ortográficas.

- ¿Cómo clasificaste las palabras?

- ¿Qué tienen en común todas las palabras excepto una?

- Piensa en otros ejemplos de palabras sobresdrújulas. Utiliza fuentes impresas o electrónicas (diccionarios, glosarios, manuales) para determinar cómo se escriben correctamente.

TEKS 5.22A(iv), 5.22F

Aprende la regla ortográfica.

Las **palabras sobresdrújulas** llevan el acento prosódico en una sílaba anterior a la antepenúltima. Es decir, la sílaba tónica está antes de la antepenúltima sílaba. Las palabras sobresdrújulas *siempre* se escriben con acento ortográfico.

pú-bli-ca-men-te   es-**tú**-dia-te-lo   co-**rrí**-ge-me-lo

Muchas palabras sobresdrújulas son formas verbales o adverbios terminados en *-mente*.

Practica separar en sílabas las palabras de esta semana. Responde las preguntas y completa las oraciones.

1. ___ es el adverbio de *fácil*.

2. El payaso cayó al piso ___.

3. ¿Qué palabra es un antónimo de *pesadamente*?

4. ¿Cuál es el adverbio de *inútil*?

5. Cuando alguien hace algo con debilidad, lo hace ___.

6. ___ para ver si te queda bien.

7. ¿Qué palabra es un sinónimo de *dáselo*?

8. No dejes el postre por la mitad, ___.

9. ¿Qué palabra es un sinónimo de *reitéremelo*?

10. ¿De qué otra forma puedes decir que se lo permitan?

Escribe las palabras. Escribe las palabras de ortografía en una hoja aparte. Usa la regla ortográfica que aprendiste para verificar si las has escrito correctamente. Luego escribe una oración con cada palabra para demostrar que sabes lo que significa.

Lección 9

En esta lección, aprenderás las reglas ortográficas de las palabras que contienen **hiatos** y **diptongos**. Algunas palabras con hiato o diptongo son **leer, río, quiero** y **vio.**

Lee las palabras de ortografía y las oraciones.

veinte

duende

aleación

maizal

aéreo

maestro

eucalipto

coordenadas

golpeó

piano

1. Invité a **veinte** amigos a mi fiesta de cumpleaños.

2. Anoche, soñé que había un **duende** en mi jardín.

3. Una **aleación** es una mezcla de elementos.

4. Varios cuervos hambrientos volaban sobre un **maizal.**

5. El avión es un medio de transporte **aéreo.**

6. Mi **maestro** siempre nos da mucha tarea.

7. El **eucalipto** del jardín tiene un aroma exquisito.

8. Hicimos un gráfico de **coordenadas.**

9. Marcelo se tropezó y se **golpeó** la rodilla.

10. Todos los lunes, tengo clase de **piano.**

Clasifica las palabras de ortografía en dos grupos. Observa las palabras de ortografía y clasifícalas según tengan hiato o diptongo. Luego responde las siguientes preguntas para descubrir las reglas ortográficas.

- ¿Cómo clasificaste las palabras?
- Piensa en otros ejemplos de diptongo y hiato. Utiliza fuentes impresas o electrónicas (diccionarios, glosarios, manuales) para determinar cómo se escriben correctamente.

⭐ **TEKS** 5.22D, 5.22F

Aprende la regla ortográfica.

Las vocales en español se clasifican en abiertas (*a, e, o*) y cerradas (*i, u*).
Un **diptongo** es la unión, en la misma sílaba, de dos vocales cerradas
distintas, o de una abierta y una cerrada o viceversa (siempre que la cerrada no
sea tónica).
Se forma **hiato** cuando hay dos vocales abiertas, dos vocales cerradas iguales o
una abierta y una cerrada tónica o viceversa.

diptongo	*hiato*
quie-ro vio	le-er rí-o

Practica separar en sílabas las palabras de esta semana. Responde

las preguntas y completa las oraciones.

1. ¿Quién nos enseña en la escuela?
2. ¿Qué palabra menciona a un tipo de árbol?
3. ¿Qué palabra rima con "aviación"?
4. Mi instrumento favorito es el ___.
5. El transporte ___ es el más rápido.
6. ¿Cuánto es la mitad de cuarenta?
7. Mi abuelo me contó un cuento sobre un ___.
8. Cuando mi hermanito se ___ el brazo, no lloró.
9. Un ___ es un campo sembrado de maíz.
10. ¿Qué se usa para ubicar un lugar?

Escribe las palabras. Escribe las palabras de

ortografía en una hoja aparte. Usa la regla ortográfica que
aprendiste para verificar si las has escrito correctamente.
Luego escribe una oración con cada palabra para demostrar
que sabes lo que significa.

Lección 10

En esta lección, aprenderás las reglas ortográficas de las palabras que contienen **hiatos** y **diptongos**. Algunas palabras con hiato o diptongo son: **caoba, sabía, chiíta, hay, deuda** y **arduo**.

Lee las palabras de ortografía y las oraciones.

| miente |
| líos |
| hoy |
| koala |
| nueva |
| maleable |
| rey |
| toalla |
| maníes |
| suave |

1. Ana es una gran amiga y jamás me **miente**.
2. Carlos se metió en **líos** y debió pedir disculpas.
3. **Hoy** iré a ver una película al cine.
4. El **koala** vive en Australia.
5. ¡Me regalaron una bicicleta **nueva**!
6. Clara no tiene personalidad; es demasiado **maleable**.
7. Es un **rey** muy querido por su pueblo.
8. Necesitamos una **toalla** para el baño.
9. ¡Deja de dar **maníes** al elefante! ¡Está prohibido!
10. De pequeño, dormía con mi **suave** osito de felpa.

Clasifica las palabras de ortografía en dos grupos. Lee las palabras de ortografía en voz alta y clasifícalas según tengan hiato o diptongo. Divide cada grupo en subgrupos. Luego responde las siguientes preguntas para descubrir más reglas ortográficas.

- ¿Cómo clasificaste las palabras?
- ¿Qué sonido representa la *y*? ¿Qué función cumple en estas palabras?
- Piensa en otros ejemplos de diptongo y hiato. Utiliza fuentes impresas o electrónicas (diccionarios, glosarios, manuales) para determinar cómo se escriben correctamente.

TEKS 5.22D, 5.22F

Aprende la regla ortográfica.

Recuerda que las vocales abiertas son *a, e, o* y las vocales cerradas son *i, u*. Para que haya **diptongo** deben unirse en una misma sílaba dos vocales cerradas distintas, una abierta y una cerrada no tónica o viceversa. La *y* puede tener el mismo sonido y función que la vocal *i*, y formar un diptongo con una vocal abierta.

      hay   **deu**-*da*   ar-**duo**

El hiato se produce cuando hay dos vocales abiertas, dos vocales cerradas iguales o una abierta y una cerrada tónica.

      ca-o-ba   sa-**bí-a**   chi-**í**-ta

Practica separar en sílabas las palabras de esta semana. Responde las preguntas y completa las oraciones.

1. ¿Cuál es el antónimo de *vieja*?
2. ¿Con qué nos secamos después de una ducha?
3. No me gustan los ___ con cáscara.
4. La fiesta es ___, no mañana.
5. Alejandro I fue un antiguo ___ de Grecia.
6. ¿Qué palabra rima con *loable*?
7. Cuando Pinocho ___, le crece la nariz.
8. ¿Cuál de las palabras menciona a un animal?
9. Esa manta es muy ___.
10. ¿Qué palabra es un sinónimo de *enredos*?

Escribe las palabras. Escribe las palabras de ortografía en una hoja aparte. Usa la regla ortográfica que aprendiste para verificar si las has escrito correctamente. Luego escribe una oración con cada palabra para demostrar que sabes lo que significa.

TEKS 5.22D, 5.22F

Lección 11

En esta lección, aprenderás las reglas ortográficas de las palabras que contienen **hiatos** y **diptongos**. Algunas palabras con hiatos y diptongos son: **saeta, Raúl, diurno, peine** y **estudio.**

Lee las palabras de ortografía y las oraciones.

vainilla

geometría

miel

oído

quería

agua

especie

laúd

envidia

maíz

1. Mi helado favorito es el de **vainilla** y chocolate.
2. Todos aprobamos el examen de **geometría.**
3. Me encanta la **miel,** pero me asustan las abejas.
4. El medicamento alivió el dolor de **oído** de la niña.
5. Sandra **quería** salir a jugar aunque lloviera.
6. El **agua** cubre la mayor parte de la superficie terrestre.
7. El koala es una **especie** en peligro de extinción.
8. El **laúd** es un antiguo instrumento de cuerdas.
9. Las hermanastras de Cenicienta le tenían **envidia.**
10. Mi abuelo nos mostró la nueva plantación de **maíz.**

Clasifica las palabras de ortografía en dos grupos. Lee las palabras de ortografía en voz alta y clasifícalas. Luego responde las siguientes preguntas para descubrir más reglas ortográficas.

- ¿Cómo clasificaste las palabras?
- ¿Qué tienen en común todas las palabras que tienen hiato? ¿Y las que tienen diptongo?
- Piensa en otros ejemplos de diptongo y hiato. Utiliza fuentes impresas o electrónicas (diccionarios, glosarios, manuales) para determinar cómo se escriben correctamente.

TEKS 5.22D, 5.22F

Aprende la regla ortográfica.

Recuerda las tres combinaciones de vocales para que se forme un **diptongo:** dos vocales cerradas, una vocal abierta y una cerrada, o una vocal cerrada y una abierta.

diur-no **pei**-ne es-tu-**dio**

Recuerda las tres combinaciones posibles para que dos vocales formen un **hiato:** dos vocales abiertas, una vocal cerrada acentuada o una vocal cerrada repetida, con o sin acento.

sa-e-ta Ra-úl

Practica separar en sílabas las palabras de esta semana. Responde las preguntas y completa las oraciones.

1. ¿Qué palabra menciona un instrumento musical?
2. ¿Qué palabra rima con "endivia"?
3. No podía oír bien porque me dolía el ___.
4. Tenía tanta sed que tomé cuatro vasos de ___.
5. ¿Qué rama de las matemáticas estudia figuras y cuerpos?
6. Los científicos hallaron una nueva ___ de monos.
7. Tomás no ___ ir al dentista.
8. ¿Qué se planta en un maizal?
9. ¿Qué alimento producen las abejas?
10. El sabor de la ___ es muy suave.

Escribe las palabras. Escribe las palabras de ortografía en una hoja aparte. Usa la regla ortográfica que aprendiste para verificar si las has escrito correctamente. Luego escribe una oración con cada palabra para demostrar que sabes lo que significa.

Lección 12

En esta lección, aprenderás algunas **raíces griegas** que forman palabras del español. Algunas palabras con raíces griegas son: **fotosíntesis, teléfono, centímetro** y **caligrafía.**

Lee las palabras de ortografía y las oraciones.

telegrama

telégrafo

termómetro

grafólogo

fotógrafo

metrópolis

teleconferencia

fototerapia

telepatía

bolígrafo

1. Ayer aprendimos a escribir un **telegrama.**

2. Hoy el maestro explicó cómo funciona el **telégrafo.**

3. Mamá me tomó la fiebre con el **termómetro.**

4. Un **grafólogo** analiza la escritura de una persona.

5. El **fotógrafo** de la fiesta sacó buenas fotografías.

6. Una **metrópolis** es una ciudad muy grande.

7. Papá está hablando en una **teleconferencia.**

8. La **fototerapia** es una terapia por medio de la luz.

9. Pablo y yo tenemos **telepatía;** nos entendemos sin hablar.

10. Tuve que escribir con lápiz porque perdí mi **bolígrafo.**

Clasifica las palabras de ortografía en cuatro grupos. Observa las palabras de ortografía y clasifícalas según la raíz griega. Luego responde las siguientes preguntas para descubrir el significado de las raíces griegas.

- ¿Cómo clasificaste las palabras?

- Piensa en el significado de las palabras y lo que tienen en común. ¿Qué puedes deducir acerca del significado de cada raíz?

TEKS 5.22C(i)

Aprende la regla ortográfica.

La **raíz** de una palabra contiene el significado principal. Muchas palabras del español tienen **raíces griegas.** Muchas de esas palabras son términos científicos como *filología* o *fotofobia,* pero también hay raíces griegas en palabras de uso cotidiano, como *teléfono* o *fotografía.*

fotosíntesis (*foto-:* "luz")	centí**metro** (*metro-:* "medida")
telefono (*tele-:* "distante, a lo lejos")	cali**grafía** (*grafo-:* "escribir")

Saber el significado de las raíces griegas te ayudará a deducir el significado de palabras desconocidas que provienen del griego.

Practica escribir las palabras de esta semana. Responde las preguntas y completa las oraciones.

1. ¿Qué se usa para medir la temperatura?
2. ¿Qué palabra describe un tratamiento médico?
3. Una ___ permite una reunión a distancia.
4. El ___ se rompió y manchó todo de tinta.
5. Un ___ es una carta muy breve y urgente.
6. ¿Qué palabra describe un aparato para comunicarse?
7. Julián y Ana siempre piensan lo mismo, ¿tendrán ___?
8. ¿Qué persona se dedica a analizar la letra de las personas?
9. ¿Cómo se llama la persona que toma fotografías?
10. En las ___ viven millones de personas.

Escribe las palabras. Escribe las palabras de ortografía en una hoja aparte. Luego escribe una oración con cada palabra para demostrar que sabes lo que significa.

Lección 13

En esta lección, aprenderás más ***raíces griegas*** que forman palabras del español. Algunas palabras con raíces griegas son: ***helicoide, cronológico, geoquímica*** y ***astrólogo.***

Lee las palabras de ortografía y las oraciones.

cronología

cronómetro

helicóptero

geólogo

geometría

helicoidal

geocéntrico

cronograma

astronomía

astronauta

1. Hicimos la ***cronología*** de los sucesos históricos.

2. Entrenaba midiendo sus tiempos con un ***cronómetro.***

3. El gobernador sobrevoló la zona en ***helicóptero.***

4. Mi tío Juan es ***geólogo*** y trabaja buscando yacimientos.

5. La ***geometría*** siempre me resultó una materia difícil.

6. Una cosa ***helicoidal*** es algo con forma de hélice.

7. ***Geocéntrico*** significa "relativo al centro de la Tierra".

8. Según el ***cronograma,*** mañana iremos al zoo.

9. En la biblioteca vimos libros sobre ***astronomía.***

10. Siempre quise ser un ***astronauta*** y poder ir a la Luna.

Clasifica las palabras de ortografía en cuatro grupos. Observa las palabras de ortografía y clasifícalas según la raíz griega en común. Luego responde las siguientes preguntas para descubrir el significado de las raíces griegas.

- ¿Cómo clasificaste las palabras?

- Piensa en lo que sabes sobre el significado de esas palabras y lo que tienen en común. ¿Qué puedes deducir acerca del significado de cada raíz?

⭐ **TEKS** 5.22C(i)

Aprende **la regla ortográfica.**

Como ya has visto, muchas palabras del español tienen **raíces griegas.** Algunas son de uso frecuente y otras son términos científicos.

helicoide (*heli-:* "hélice o espiral")   **geo**química (*geo-:* "tierra")

cronológico (*crono-:* "tiempo")   **astró**logo (*astro-:* "estrella")

Recuerda que si sabes el significado de las raíces griegas, podrás deducir el significado de palabras desconocidas que provienen del griego y deletrearlas correctamente.

Practica **escribir las palabras de esta semana.** Responde las preguntas

y completa las oraciones.

1. ¿Cómo se llama la persona que estudia la geología?

2. ¿Cómo se llama la ciencia que estudia las estrellas?

3. Completaremos los hechos históricos en una ___.

4. Un ___ es una persona que viaja por el espacio.

5. Me encantaría volar en un ___.

6. ¿Cómo se llama la ciencia que estudia la forma de las figuras?

7. ¿Cómo se llama el artefacto que se usa para medir lapsos de tiempo?

8. Cuando algo tiene forma de hélice se dice que es ___.

9. ¿Cómo se llama a un diagrama de tiempos?

10. Algo relacionado con el centro de la Tierra es ___.

Escribe **las palabras.** Escribe las palabras

de ortografía en una hoja aparte. Luego escribe una oración con cada palabra para demostrar que sabes lo que significa.

28

Lección 14

En esta lección, aprenderás algunas **raíces latinas** que forman palabras del español. Algunas palabras con raíces del latín son: **irrumpir, espectáculo, transporte** y **describir.**

Lee las palabras de ortografía y las oraciones.

transportista
especular
escribano
corrupto
inspeccionar
exportar
escritura
romper
transcribir
interrumpir

1. Mi tío es **transportista** y viaja por todo el país.
2. Muchos comenzaron a **especular** sobre los rumores.
3. Un **escribano** se ocupa de legalizar documentos.
4. El político **corrupto** fue a prisión.
5. El jefe prefiere **inspeccionar** el trabajo de los obreros.
6. Mi vecino se dedica a **exportar** naranjas a Italia.
7. María asiste a un taller de **escritura.**
8. Vas a **romper** la hoja si no tienes cuidado.
9. La secretaria va a **transcribir** las sentencias.
10. No debes **interrumpir** a los mayores cuando hablan.

Clasifica las palabras de ortografía en cuatro grupos. Lee las

palabras y clasifícalas según la raíz del latín que tengan en común. Luego responde las siguientes preguntas para descubrir el significado de las raíces latinas.

• ¿Cómo clasificaste las palabras?

• Piensa en el significado de las palabras y la parte que tienen en común. ¿Qué puedes deducir acerca del significado de cada raíz?

⭐ **TEKS** 5.22C(ii)

Aprende **la regla ortográfica.**

Recuerda que la **raíz** de una palabra es la parte que contiene el significado principal. Muchas de las palabras en español que usamos todos los días tienen **raíces latinas.**

irr**rum**pir (*rum-* o *rupt-:* "romper")   trans**porte** (*port-:* "llevar")

es**spec**táculo (*spec-:* "ver")   de**scrib**ir (*scrib-:* "escribir")

Saber el significado de las raíces latinas te ayudará a deducir el significado de palabras desconocidas que provienen del latín y a deletrearlas correctamente.

Practica **escribir las palabras de esta semana.** Responde las preguntas

y completa las oraciones.

1. Lamento ___, pero es importante.
2. ¿Quién prepara los papeles de una propiedad?
3. ¿Qué palabra es un antónimo de *reparar*?
4. Quiero aprender más técnicas de lectura y ___.
5. ¿Cómo se llama la persona que lleva cosas a otros lugares?
6. El granjero comenzará a ___ productos a Asia.
7. ¿Qué palabra es un sinónimo de *revisar*?
8. El administrador ___ robaba dinero a las empresas.
9. ¿Qué palabra significa "escribir lo que alguien dice"?
10. Sobre temas desconocidos solo podemos ___.

Escribe **las palabras.** Escribe las palabras de

ortografía en una hoja aparte. Luego escribe
una oración con cada palabra para demostrar
que sabes lo que significa.

 **TEKS** 5.22C(ii)

Lección 15

En esta lección, aprenderás más ***raíces latinas*** que forman palabras del español. Algunas palabras con raíces del latín son: ***dictar, alternativo, circundar*** y ***multipropósito.***

Lee las palabras de ortografía y las oraciones.

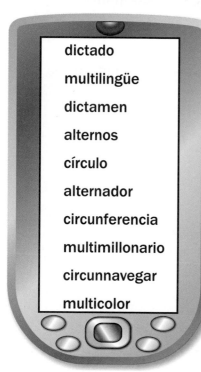

dictado

multilingüe

dictamen

alternos

círculo

alternador

circunferencia

multimillonario

circunnavegar

multicolor

1. Tuvimos un ***dictado*** de palabras con *h*.

2. El congreso será ***multilingüe.***

3. El martes, el juez dará su ***dictamen.***

4. El dentista que visito atiende en días ***alternos.***

5. Encierren en un ***círculo*** las palabras desconocidas.

6. El ***alternador*** del carro no funcionaba bien.

7. Calculen la longitud de la ***circunferencia.***

8. El actor era ***multimillonario.***

9. Su sueño era ***circunnavegar*** el mundo.

10. Vimos una hermosa mariposa ***multicolor.***

Clasifica las palabras de ortografía en cuatro grupos. Lee las

palabras y clasifícalas según la raíz del latín que tengan en común. Luego responde las siguientes preguntas para descubrir el significado de las raíces latinas.

- ¿Cómo clasificaste las palabras?

- Piensa en el significado de las palabras. ¿Qué puedes deducir acerca del significado de cada raíz?

⭐ **TEKS** 5.22C(ii)

Aprende la regla ortográfica.

Recuerda que la **raíz** de una palabra es la parte que contiene el significado principal. Muchas de las palabras en español que usamos todos los días tienen **raíces latinas.**

dictar (*dict-*: "decir, contar, pronunciar")   **circun**dar (*circun-*: "alrededor")

alternativo (*alter-*: "otro")   **multi**propósito (*multi-*: "muchos")

Recuerda: si sabes el significado de las raíces latinas, podrás deducir el significado de palabras desconocidas que provienen del latín y deletrearlas correctamente.

Practica escribir las palabras de esta semana. Responde las preguntas

y completa las oraciones.

1. Es una manera de referirse a muchos idiomas.

2. "Días ___" significa un día sí y un día no.

3. ¿Con qué ejercicio puedes practicar la ortografía?

4. La parte del carro que genera corriente se llama ___.

5. ¿Cómo se llama la parte externa de un círculo?

6. Cuando alguien tiene mucho dinero, se dice que es ___.

7. El ___ del experto reveló las causas del accidente.

8. ¿Cómo se llama a la figura geométrica redonda?

9. ¿Cómo se llama a algo que es de muchos colores?

10. ¿Cómo llamamos a la acción de navegar alrededor de un lugar?

Escribe las palabras. Escribe las palabras de

ortografía en una hoja aparte. Luego escribe
una oración con cada palabra para demostrar
que sabes lo que significa.

 **TEKS** 5.22C(iii)

Lección 16

En esta lección, aprenderás algunos **sufijos griegos** que se usan en español. Algunas palabras con sufijos griegos son: **patología, hidrofobia** y **clasicismo**.

Lee las palabras de ortografía y las oraciones.

musicología	
aracnofobia	
romanticismo	
zoología	
agorafobia	
paracaidismo	
grafología	
optimismo	
cosmología	
atletismo	

1. Luisa, experta en **musicología,** da clases de piano.
2. Mercedes sufre de **aracnofobia;** no puede ni ver una araña.
3. Las obras del **romanticismo** son brillantes.
4. La **zoología** estudia la vida de los animales.
5. El miedo a los espacios abiertos se llama **agorafobia**.
6. Mi abuelo practicó **paracaidismo** durante su juventud.
7. La **grafología** analiza la letra de las personas.
8. Debes enfrentar la vida con **optimismo.**
9. Los expertos en **cosmología** estudian el universo.
10. Estoy entrenando para una competencia de **atletismo**.

Clasifica las palabras de ortografía en tres grupos. Lee las palabras
y clasifícalas según el sufijo griego que tengan en común. Luego responde las siguientes preguntas para descubrir el significado de los sufijos griegos.

- ¿Cómo clasificaste las palabras?

- Piensa en el significado de las palabras.
  ¿Qué puedes deducir acerca del
  significado de cada sufijo?

TEKS 5.22C(iii)

Aprende la regla ortográfica.

Un **sufijo** es una o más letras que se añaden al final de una raíz y que le agregan significado. Muchas palabras del español tienen **sufijos griegos.** Presta especial atención a estas palabras, ya que a veces el sufijo modifica la ortografía de la raíz.

pat**ología** (*-ología*: "ciencia o estudio de")   clasic**ismo** (*-ismo*: "sistema o movimiento")

hidro**fobia** (*-fobia*: "temor")

Saber el significado de los sufijos griegos te ayudará a deducir el significado de palabras desconocidas y a deletrearlas correctamente.

Practica escribir las palabras de esta semana. Responde las preguntas y completa las oraciones.

1. Creo que con ___ se soluciona cualquier problema.

2. ¿Cómo se llama el miedo a las arañas?

3. ¿Qué palabra nombra un movimiento artístico?

4. ¿Cómo se llama el estudio de la letra manuscrita?

5. Mi primo ganó un torneo de ___.

6. ¿Cuál es la ciencia que estudia la música?

7. ¿Cuál es la ciencia que estudia el universo?

8. Los hábitos de los animales se estudian en ___.

9. Laura no sale a la calle porque sufre de ___.

10. Practicar ___ es arriesgado; es un deporte peligroso.

Escribe las palabras. Escribe las palabras de ortografía en una hoja aparte. Luego escribe una oración con cada palabra para demostrar que sabes lo que significa.

 **TEKS** 5.22C(iii)

Lección 17

En esta lección, aprenderás más **sufijos griegos** que se usan en español. Algunas palabras con sufijos griegos son: **oficinista, periódico, brontosaurio** y **caleidoscopio.**

Lee las palabras de ortografía y las oraciones.

florista

esférico

telescopio

dinosaurio

modista

cítrico

microscopio

tiranosaurio

optimista

métrico

1. La **florista** vende rosas a los enamorados.
2. Puse a mis peces en un acuario **esférico.**
3. El astrónomo observa las estrellas con un **telescopio.**
4. La película muestra cómo se cree que era un **dinosaurio.**
5. Llevé mi vestido a la **modista** para que lo arreglara.
6. El limón es el **cítrico** más ácido.
7. Ayer usamos un **microscopio** para ver unas células.
8. El **tiranosaurio** era uno de los animales más grandes.
9. Mi papá es muy **optimista** y nunca está triste.
10. El sistema **métrico** sirve para tomar diferentes medidas.

Clasifica las palabras de ortografía en cuatro grupos. Lee las

palabras y clasifícalas según el sufijo griego que tengan en común. Luego responde las siguientes preguntas para descubrir el significado de los sufijos griegos.

- ¿Cómo clasificaste las palabras?

- Piensa en el significado de las palabras.
  ¿Qué puedes deducir acerca del significado
  de cada sufijo?

TEKS 5.22C(iii)

Aprende la regla ortográfica.

Como ya has visto, muchas palabras del español tienen **sufijos griegos.** Recuerda prestar especial atención a estas palabras, ya que a veces el sufijo modifica la ortografía de la raíz.

oficin**ista** (-*ista:* "partidario de, inclinado a" u "ocupación") bronto**saurio** (-*saurio:* "lagarto")
perió**dico** (-*ico:* "relación")   caleido**scopio** (-*scopio:* "visión", "instrumento para ver")
Recuerda: si sabes el significado de los sufijos griegos podrás deducir el significado de palabras desconocidas y deletrearlas correctamente.

Practica escribir las palabras de esta semana. Responde las preguntas
y completa las oraciones.

1. ¿Con qué aparato puedes ver las estrellas?

2. Un dado es cúbico y un balón es ___.

3. En la escuela dibujamos un ___ de la prehistoria.

4. ¿Quién arregla la ropa de las personas?

5. El ___ era uno de los dinosaurios más grandes.

6. ¿Cómo se llama la persona que vende flores?

7. ¿Con qué puedes observar una célula?

8. ¿Qué clase de fruto es el limón?

9. Debes ser ___ si tienes algún problema grave.

10. Usamos el sistema ___ para medir los escritorios.

Escribe las palabras. Escribe las palabras de
ortografía en una hoja aparte. Luego escribe
una oración con cada palabra para demostrar
que sabes lo que significa.

 **TEKS** 5.22C(iv)

Lección 18

En esta lección, aprenderás algunos *sufijos del latín* en palabras del español. Algunas palabras con sufijos del latín son: *aceptable, bebible* y *abundancia*.

Lee las palabras de ortografía y las oraciones.

incontable
ignorancia
impensable
importancia
comestible
agradable
constancia
creíble
vagancia
posible

1. Tengo una cantidad *incontable* de estampillas.
2. Debemos estudiar mucho para no caer en la *ignorancia.*
3. Me parece *impensable* gastar ese dinero ahora.
4. Controlar nuestra salud es de mucha *importancia.*
5. Rodrigo recogió un hongo *comestible* en el bosque.
6. La niña es divertida y *agradable.*
7. Con *constancia* y esfuerzo lograrás tus metas.
8. La excusa del estudiante no era *creíble.*
9. La *vagancia* no deja que las personas progresen.
10. ¿Es *posible* que la Tierra deje de girar?

Clasifica las palabras de ortografía en tres grupos. Lee las palabras y clasifícalas según el sufijo del latín que tengan en común. Luego responde las siguientes preguntas para descubrir el significado de los sufijos del latín.

- ¿Cómo clasificaste las palabras?

- ¿Puedes identificar dos sufijos del latín que tienen el mismo significado? ¿Cuáles son?

TEKS 5.22C(iv)

Aprende la regla ortográfica.

Un **sufijo** es una o más letras que se añaden al final de una raíz y que le agregan significado. Muchas palabras del español tienen **sufijos del latín.**

acept**able**, beb**ible** (*-able, -ible:* "posibilidad o capacidad", "cualidad")

abund**ancia** (*-ancia:* forma sustantivos femeninos)

Conocer la ortografía y el significado de los sufijos latinos más comunes te permitirá deducir cómo se escriben esas palabras. Por ejemplo, las palabras con *-able, -ible* siempre se escriben con *b* y el sufijo *-ancia* siempre lleva *c*.

Practica escribir las palabras de esta semana. Responde las preguntas y completa las oraciones.

1. Este fruto que encontré no es ___.
2. El abuelo tiene una cantidad ___ de anécdotas de su juventud.
3. La ___ hizo que el estudiante no aprobara la prueba.
4. ¿Cómo es algo que te agrada?
5. Es ___ que las llaves estén escondidas bajo la almohada.
6. ¿Cómo es jugar al fútbol en las nubes?
7. Tu anécdota sobre los osos es ___; te creo.
8. ¿Qué palabra se refiere a la falta de conocimiento?
9. ¿Qué tiene algo que es muy valioso?
10. ¿Con qué puedes conseguir lo que tanto quieres?

Escribe las palabras. Escribe las palabras de ortografía en una hoja aparte. Luego escribe una oración con cada palabra para demostrar que sabes lo que significa.

 **TEKS** 5.22C(iv)

Lección 19

En esta lección, aprenderás más **sufijos del latín** en palabras del español. Algunas palabras con sufijos del latín son: **emprendimiento, debidamente** y **maldición.**

Lee las palabras de ortografía y las oraciones.

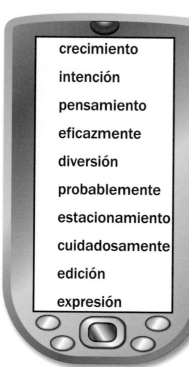

crecimiento

intención

pensamiento

eficazmente

diversión

probablemente

estacionamiento

cuidadosamente

edición

expresión

1. Juan observó el **crecimiento** de una flor para ciencias.
2. La **intención** del entrenador era que su equipo ganara.
3. El **pensamiento** complejo nos diferencia de los animales.
4. La ingeniera hace su trabajo **eficazmente.**
5. ¡En la escuela también hay tiempo para la **diversión**!
6. **Probablemente** pase a visitarte el lunes.
7. En el **estacionamiento** hay muchos carros.
8. Vierte el agua **cuidadosamente;** no la derrames.
9. La última **edición** del periódico escolar saldrá mañana.
10. La **expresión** del poeta maravilló a los lectores.

Clasifica las palabras de ortografía en cuatro grupos. Lee las

palabras y clasifícalas según el sufijo del latín que tengan en común. Luego responde las siguientes preguntas para descubrir el significado de los sufijos del latín.

- ¿Cómo clasificaste las palabras?
- ¿Qué significa el sufijo -*mente?*

⭐ **TEKS** 5.22C(iv)

Aprende la regla ortográfica.

Un **sufijo** es una o más letras que se añaden al final de una raíz y que le agregan significado. Muchas palabras del español tienen **sufijos del latín.**

emprendim**iento** (*-iento:* sufijo que forma sustantivos)

maldi**ción** (*-ción, -sión:* sufijos que forman sustantivos)

debida**mente** (*-mente:* sufijo que significa "de manera")

Algunos de estos sufijos cambian la categoría de la palabra. Por ejemplo, *-iento, -ción* y *-sión* forman sustantivos a partir de verbos; *-mente* forma adverbios.

Practica escribir las palabras de esta semana. Responde las preguntas

y completa las oraciones que están a continuación.

1. ¿Dónde puedes estacionar un carro?

2. Pienso que ___ haya un error en los cálculos.

3. ¿Cómo debes tomar una copa de cristal?

4. Mi ___ no era molestarte. Perdóname.

5. La última ___ del libro es más completa.

6. En las vacaciones, ¡todo es ___!

7. ¿Cuál es un sinónimo de *desarrollo*?

8. ¿Cómo puedes llamar a tus ideas?

9. Me felicitaron porque hice mi tarea ___.

10. ¿Qué palabra deriva del verbo *expresar*?

Escribe las palabras. Escribe las palabras de

ortografía en una hoja aparte. Luego escribe
una oración con cada palabra para demostrar
que sabes lo que significa.

Lección 20

En esta lección, aprenderás la ***acentuación de verbos conjugados del pretérito.*** Los verbos conjugados siguen ciertos patrones de acentuación que debes conocer. Algunos ejemplos de verbos conjugados en pretérito son: ***conté, conoció*** y ***salí.***

Lee **las palabras de ortografía y las oraciones.**

corté

recorrí

rompió

paseó

caminé

comió

agradecí

convenció

junté

explicó

1. Ayer ayudé a mis papás y ***corté*** el césped.
2. Junto con mi clase ***recorrí*** el museo de Ciencias.
3. El perro entró a la casa y ***rompió*** un jarrón.
4. Soledad ***paseó*** por el parque con su familia.
5. El jueves ***caminé*** por el vecindario y vendí galletas.
6. El gato ***comió*** todo el alimento que le dimos.
7. Le ***agradecí*** a mi amigo el hermoso regalo.
8. Mi amiga me ***convenció*** para que lo compre.
9. Por la tarde ***junté*** las hojas que cayeron de los árboles.
10. El maestro ***explicó*** cómo sumar números grandes.

Clasifica **las palabras de ortografía en dos grupos.** Lee los verbos.

Clasifícalos en grupos según la persona a la que corresponden. Luego responde las siguientes preguntas para descubrir los patrones ortográficos.

*   ¿Cómo clasificaste los verbos?

*   Piensa en otros ejemplos de verbos en pretérito. Utiliza fuentes impresas o electrónicas (diccionarios, glosarios, manuales) para determinar cómo se escriben correctamente.

⭐ **TEKS** 5.22B, 5.22F

Aprende **el patrón ortográfico.**

En la primera y tercera persona del singular de los verbos en **pretérito**, debes acentuar la última sílaba porque se trata de palabras agudas terminadas en vocal.

terminación *-ar (contar)*	terminación *-er (conocer)*	terminación *-ir (salir)*
conté	**conocí**	**salí**
contó	**conoció**	**salió**

Practica **escribir las palabras de esta semana.** Completa las oraciones que están a continuación.

1. Mi hermano me ___ cómo hacer un avión de papel.

2. Le ___ a mi abuela todo su amor y cariño.

3. Mi amigo me ___ de inscribirme en el equipo de béisbol.

4. La niña ___ un postre riquísimo.

5. En el bosque, troté y ___ por un sendero muy extenso.

6. En la playa, ___ varias millas sin cansarme.

7. El hombre ___ las nueces con las manos.

8. En la clase de Arte, ___ las figuras cuidadosamente.

9. Durante mi viaje, ___ varias rocas para mi colección.

10. La cantante ___ por toda la ciudad antes del concierto.

Escribe **las palabras.** Escribe las palabras de ortografía en una hoja aparte. Usa el patrón ortográfico que aprendiste para verificar si las has escrito correctamente. Luego escribe una oración con cada palabra para demostrar que sabes lo que significa.

TEKS 5.22B, 5.22F

Lección 21

En esta lección, aprenderás la ***acentuación de verbos conjugados del imperfecto***. Los verbos conjugados siguen ciertos patrones de acentuación que debes conocer. Algunos ejemplos de verbos conjugados en imperfecto son: ***pensábamos, pretendían*** y ***sentía***.

Lee las palabras de ortografía y las oraciones.

| estudiábamos |
| cosías |
| trabajábamos |
| dormían |
| aplaudía |
| limpiábamos |
| leía |
| creía |
| escribían |
| gritábamos |

1. Mientras estudiábamos, ***escuchábamos*** música.
2. ¿Tú ***cosías*** las camisas de los niños?
3. Cuando ***trabajábamos,*** hacíamos un gran esfuerzo.
4. Los perros ***dormían*** al sol durante horas.
5. El público ***aplaudía*** con mucho entusiasmo.
6. Mientras ***limpiábamos,*** ordenábamos la casa.
7. Yo ***leía,*** y mi hermanito escuchaba el cuento.
8. El policía ***creía*** que el ladrón estaba escondido.
9. Los estudiantes ***escribían*** lo que dictaba la maestra.
10. ***Gritábamos*** cuando el equipo convertía un tanto.

Clasifica las palabras de ortografía en tres grupos. Lee los verbos.
Clasifícalos en grupos según la conjugación a la que pertenecen. Luego responde las siguientes preguntas para descubrir los patrones ortográficos.

- ¿Cómo clasificaste los verbos?
- Piensa en otros ejemplos de verbos en imperfecto. Utiliza fuentes impresas o electrónicas (diccionarios, glosarios, manuales) para determinar cómo se escriben correctamente.

TEKS 5.22B, 5.22F

Aprende **el patrón ortográfico.**

En el **imperfecto** de los verbos terminados en **-ar**, se acentúa la terminación *-ábamos*, que corresponde a la primera persona del plural.

En el caso de los verbos terminados en **-er** o **-ir**, todas las personas llevan acento ortográfico en la *i*.

Verbos terminados en *-ar (pensar)*	Verbos terminados en *-er/-ir (pretender, subir)*
pensábamos	**pretendía, pretendías, pretendíamos, pretendían**
	sentía, sentías, sentíamos, sentían

Practica **escribir las palabras de esta semana.** Completa las oraciones que están a continuación.

1. El payaso actuaba, y yo ___ con entusiasmo.
2. Ustedes ___, y los demás dibujaban.
3. Tú ___ la ropa, y yo la planchaba.
4. El niño ___ que la Luna era de queso.
5. El año pasado, nosotros ___ con libros muy difíciles.
6. Después de comer, ___ la mesa y los platos.
7. El hombre ___ una revista cuando llegó su esposa.
8. Los gatos ___ sobre el sillón cuando no los veían.
9. En verano ___ en un puesto de limonada.
10. ___ muy fuerte para alentar a los jugadores.

Escribe **las palabras.** Escribe las palabras de ortografía en una hoja aparte. Usa el patrón ortográfico que aprendiste para verificar si las has escrito correctamente. Luego escribe una oración con cada palabra para demostrar que sabes lo que significa.

TEKS 5.22B, 5.22F

Lección 22

En esta lección, aprenderás la ***acentuación de verbos conjugados del pretérito pluscuamperfecto.*** Los verbos conjugados siguen ciertos patrones de acentuación que debes conocer. Algunos ejemplos de verbos conjugados en pretérito pluscuamperfecto son: ***había definido, habíamos entrenado*** y ***habían comprado.***

Lee las palabras de ortografía y las oraciones.

había olvidado
había tejido
habías escuchado
habías pensado
había jugado
había llegado
habían viajado
habían mentido
habíamos despertado
habíamos hecho

1. Le dije a la maestra que ***había olvidado*** mi tarea en casa.
2. La abuela recordó que ya ***había tejido*** una bufanda.
3. Te preguntó si ya ***habías escuchado*** esa canción.
4. ¿Alguna vez ***habías pensado*** en comprar un perrito?
5. La atleta declaró que jamás ***había jugado*** al fútbol.
6. El periodista informó que el senador ***había llegado*** a su casa.
7. La vecina nos contó que sus hijos ***habían viajado*** a África.
8. La jueza descubrió que los acusados ***habían mentido.***
9. Mamá preguntó si ya ***habíamos despertado*** de la siesta.
10. Nuestros amigos nos preguntaron qué ***habíamos hecho.***

Clasifica las palabras de ortografía en cuatro grupos. Lee los verbos.

Clasifícalos en grupos según la persona a la que corresponden. Luego responde las siguientes preguntas para descubrir los patrones ortográficos.

- ¿Cómo clasificaste las palabras?
- Piensa en otros ejemplos de verbos en pretérito pluscuamperfecto. Utiliza fuentes impresas o electrónicas (diccionarios, glosarios, manuales) para determinar cómo se escriben correctamente.

TEKS 5.22B, 5.22F

Aprende **el patrón ortográfico.**

En el **pretérito pluscuamperfecto,** debes escribir acento ortográfico en todas las personas. El acento recae en la *i* de las terminaciones *-ía, -ías, -íamos, -ían* del verbo auxiliar *haber.*

había definido	**habíamos entrenado**
habías jugado	**habían comprado**

Al contrario, el auxiliar *haber* del **pretérito perfecto** no lleva acento en ninguna de las personas.

ha ido	**hemos estudiado**

Practica **escribir las palabras de esta semana.** Completa las oraciones que están a continuación.

1. Los niños dijeron que ustedes ___ sobre el accidente.

2. Quería saber si ya ___ este relato tan maravilloso.

3. ¿Alguna vez ___ que sería tan fácil escribir un poema?

4. En la escuela me di cuenta de que ___ el libro en casa.

5. Mi tía me dijo que ___ un suéter para mí.

6. El deportista explicó que ___ con un dolor en la pierna.

7. Mamá dijo que ___ una carta de los primos de California.

8. Memo me contó que sus padres ___ por todo el país.

9. No recordábamos qué ___ con los lápices de colores.

10. Nos dimos cuenta de que ___ a la hora de comer.

Escribe **las palabras.** Escribe las palabras de ortografía en una hoja aparte. Usa el patrón ortográfico que aprendiste para verificar si las has escrito correctamente. Luego escribe una oración con cada palabra para demostrar que sabes lo que significa.

TEKS 5.22B, 5.22F

Lección 23

En esta lección, aprenderás la ***acentuación de verbos conjugados del condicional.*** Los verbos conjugados siguen ciertos patrones de acentuación que debes conocer. Algunos ejemplos de verbos conjugados en condicional son: ***haría, cortarías, buscaríamos*** y ***terminarían.***

Lee las palabras de ortografía y las oraciones.

entraría

hablarías

patinarían

repetirías

mentiríamos

ordenarían

escondería

nadaríamos

estudiarían

buscarían

1. Si pudiera, ***entraría*** en la habitación de mi hermano.
2. ¿Alguna vez ***hablarías*** con los estudiantes de cuarto grado?
3. Las niñas ***patinarían*** si hubiera una pista de hielo.
4. Disculpa, ¿***repetirías*** lo que dijiste?
5. Nunca ***mentiríamos*** si estuviéramos en problemas.
6. Si pudieran, nuestros hermanos nos ***ordenarían*** qué hacer.
7. Si me lo pidieras, ***escondería*** tus cuadernos en mi mochila.
8. ¡Claro que ***nadaríamos*** en la piscina de tu casa!
9. Si vinieran a casa, ***estudiarían*** con nosotros para la prueba.
10. ¡Los piratas ***buscarían*** un tesoro en cualquier parte!

Clasifica las palabras de ortografía en grupos. Lee los verbos.
Clasifícalos en grupos según la persona a la que corresponden. Luego responde las siguientes preguntas para descubrir los patrones ortográficos.

- ¿Cómo clasificaste las palabras?
- Piensa en otros ejemplos de verbos en condicional. Utiliza fuentes impresas o electrónicas (diccionarios, glosarios, manuales) para determinar cómo se escriben correctamente.

⭐ **TEKS** 5.22B, 5.22F

Aprende el patrón ortográfico.

En el **condicional** o condicional simple, debes escribir acento ortográfico en todas las personas del verbo conjugado. El acento recae sobre la *i* de las terminaciones *-ía,- ías, -íamos, -ían.*

haría	**buscaríamos**
cortarías	**terminarían**

Practica escribir las palabras de esta semana. Completa las oraciones

que están a continuación.

1. ¿Ustedes ___ sobre hielo si hiciera muchísimo frío?
2. ¿Le ___ tu pregunta a la señora? No la escuchó.
3. Si pudiera, ¡me ___ en el baño durante la prueba!
4. La clienta ___ al almacén si hubiera menos personas.
5. ¡Jamás ___ sobre la escuela a nuestros padres!
6. ¡Por supuesto que ___ en el mar durante todo el día!
7. ¿Por qué no ___ con los estudiantes nuevos?
8. Los niños no ___ con libros menos divertidos.
9. Los padres de Juan le ___ estudiar más si reprobara.
10. Los perros ___ huesos hasta en la Luna si pudieran.

Escribe las palabras. Escribe las palabras de

ortografía en una hoja aparte. Usa el patrón ortográfico que aprendiste para verificar si las has escrito correctamente. Luego escribe una oración con cada palabra para demostrar que sabes lo que significa.

TEKS 5.22B, 5.22F

Lección 24

En esta lección, aprenderás la ***acentuación de verbos conjugados del futuro.*** Los verbos conjugados siguen ciertos patrones de acentuación que debes conocer. Algunos ejemplos de verbos conjugados en futuro son: ***repartiré, caminará, estudiarás*** y ***cantarán.***

Lee las palabras de ortografía y las oraciones.

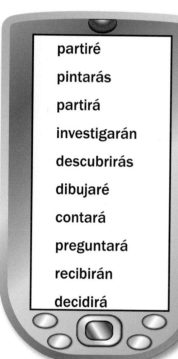

partiré

pintarás

partirá

investigarán

descubrirás

dibujaré

contará

preguntará

recibirán

decidirá

1. El jueves ***partiré*** hacia Miami de vacaciones.
2. Algún día ***pintarás*** como un profesional.
3. La maestra ***partirá*** a Canadá por un puesto de trabajo.
4. Ustedes ***investigarán*** el robo a la joyería.
5. De grande ***descubrirás*** tu verdadera vocación.
6. Mañana ***dibujaré*** un paisaje marítimo.
7. El autor ***contará*** cuentos de su última colección.
8. Él ***preguntará*** a los estudiantes si tienen dudas.
9. Los ganadores ***recibirán*** los premios en una ceremonia.
10. El público ***decidirá*** quién es el mejor cantante.

Clasifica las palabras de ortografía en grupos. Lee los verbos.

Clasifícalos en grupos según la persona a la que corresponden. Luego responde las siguientes preguntas para descubrir los patrones ortográficos.

- ¿Cómo clasificaste las palabras?
- Piensa en otros ejemplos de verbos en futuro. Utiliza fuentes impresas o electrónicas (diccionarios, glosarios, manuales) para determinar cómo se escriben correctamente.

TEKS 5.22B, 5.22F

Aprende **el patrón ortográfico.**

En el **futuro,** debes acentuar la última sílaba de los verbos en todas las personas, excepto en la primera del plural: *-é, -ás, -á, -án.*

repartiré   estudiarás

caminará   cantarán

Pero:

Nosotros **trabajaremos** hasta tarde.

Todas las personas llevan acento ortográfico excepto *trabajaremos,* ya que pertenece a la primera persona del plural y es una palabra grave terminada en *s.*

Practica **escribir las palabras de esta semana.** Completa las oraciones que están a continuación.

1. María ___ quién escribió el mejor relato.

2. ¡Hoy ustedes ___ la visita de un famoso actor!

3. Los detectives ___ el robo de las obras de arte.

4. El barco ___ con destino a Australia.

5. Mañana ___ a mi hermano en un lienzo.

6. Nunca ___ la respuesta si no lees bien el problema.

7. La astronauta ___ todo sobre su vida en el espacio.

8. En verano ___ con mi familia de vacaciones.

9. ¿Me prometes que ___ un paisaje de Texas?

10. El dueño del gatito perdido ___ por él en el vecindario.

Escribe **las palabras.** Escribe las palabras de ortografía en una hoja aparte. Usa el patrón ortográfico que aprendiste para verificar si las has escrito correctamente. Luego escribe una oración con cada palabra para demostrar que sabes lo que significa.

 **TEKS** 5.22E

Lección 25

En esta lección, aprenderás a distinguir entre ***términos que usualmente se confunden,*** como por ejemplo: ***haber/a ver, hola/ola.***

Lee las palabras de ortografía y las oraciones.

Asia/hacia	1. Llegamos a **Asia** después de volar **hacia** el este.
as/has/haz	2. Con ese **as, has** formado una escalera.
ahí/hay/ay	3. ¡Cuidado! **Ahí hay** un alfiler.
asar/azar/azahar	4. Aprender a **asar** no es cuestión de **azar**.
ases/haces	5. Ahora tienes cuatro **ases**, ¿qué **haces**?
asimismo/así mismo/a sí mismo	6. Es **asimismo** necesario que uno se respete **a sí mismo**.
porque/por qué/porqué	7. **¿Por qué** se van? No entiendo el **porqué**.
sino/si no	8. **Si no** me decían, no notaba que no era Juan.
también/tan bien	9. ¡Esas flores **también** están **tan bien** cuidadas!
vayas/vallas/bayas	10. No **vayas** a comer esas **bayas**.

Clasifica las palabras de ortografía en dos grupos. Observa las palabras de ortografía de la semana. Clasifícalas en grupos según se confundan porque tienen un mismo sonido representado por distintas letras o porque son conjuntos de distintas palabras. Luego responde las siguientes preguntas para descubrir las reglas ortográficas.

- ¿Cómo clasificaste las palabras?

- ¿Cómo puedes saber qué palabra debes usar en cada ocasión?

TEKS 5.22E

Aprende la regla ortográfica.

Existen muchos **términos que usualmente se confunden.** Debes tener en cuenta que no hay errores en la gramática o la ortografía (si buscas la palabra en el diccionario encontrarás que está escrita correctamente), sino que son términos que se escriben o se pronuncian de manera similar. Por eso, debes estar muy atento al significado de estas palabras.

haber   a ver

hola   ola

Haber es un verbo y *a ver* es una frase formada por la preposición *a* y el verbo *ver*. *Hola* es una palabra que se usa para saludar y *ola* es una onda en el mar.

Practica escribir las palabras de esta semana. Responde las preguntas y completa las oraciones.

1. ¿Cuál de las palabras nombra un continente?

2. Las flores de ___ aromatizaron toda la casa.

3. Debes ir a la cama ___ ya es tarde.

4. Un ___ de luz entró por la ventana.

5. ¿Tú ___ aprobaste? ¡Felicitaciones!

6. ¿Qué gritas cuando te duele algo?

7. ¿Cómo ___ ese truco?

8. ¿Qué palabra es un sinónimo de *cercos*?

9. Ese lápiz no era gris ___ negro.

10. Cocínalo ___ y te saldrá riquísimo.

Escribe las palabras. Escribe las palabras de ortografía en una hoja aparte. Luego escribe una oración con cada palabra para demostrar que sabes lo que significa.

Lección 26

En esta lección, aprenderás a distinguir otros *términos que usualmente se confunden,* como por ejemplo: *halla/haya* y *a ser/hacer.*

Lee las palabras de ortografía y las oraciones.

haber/a ver

ves/vez

basar/bazar

bello/vello

beses/veces

bota/vota

calló/cayó

tés/tez

caza/casa

abrazar/abrasar

1. ¡No puede *haber* quedado sólo un lápiz! ¿*A ver*?

2. ¿*Ves*? Esta *vez* sí aprendí a hacer las cuentas.

3. Los precios no se pueden *basar* en los del *bazar.*

4. ¡Siente qué *bello* el suave *vello* de ese kiwi!

5. A Inés no le gusta que la *beses* tantas *veces.*

6. Esteban siempre usa la misma *bota* cuando *vota.*

7. No paraba de hablar, pero se *calló* cuando *cayó* al piso.

8. Mi abuela toma unos *tés* que dejan la *tez* suave.

9. Después del día de *caza,* llegó a su *casa* agotado.

10. No te puedo *abrazar* ahora, se me va a *abrasar* la cena.

Clasifica las palabras de ortografía en dos grupos. Observa las

palabras de ortografía de la semana. Clasifícalas en grupos según difieran en una o dos letras. Piensa en el significado de cada término. Luego responde las siguientes preguntas para descubrir las reglas ortográficas.

- ¿Cómo clasificaste las palabras?
- ¿Puedes usar los dos términos indistintamente?

⬢ **TEKS** 5.22E

Aprende la regla ortográfica.

Recuerda que muchos **términos usualmente se confunden** porque se escriben o se pronuncian de manera similar. Pero recuerda que para escoger el término correcto, debes tener en cuenta el significado.

halla	haya
a ser	hacer

Halla proviene del verbo *hallar,* pero *haya* proviene del verbo auxiliar *haber.* *Hacer* es un verbo, pero *a ser* está formado por la preposición *a* y el verbo *ser.*

Practica escribir las palabras de esta semana. Responde las preguntas y completa las oraciones.

1. La pelusa que tienen algunas plantas se llama ___.

2. ¿Qué bebidas beben siempre en Inglaterra?

3. Si no ___ bien, debes usar gafas.

4. ¿En qué tienda se venden copas, vasos y platos?

5. Siempre corro a ___ a mi tío cuando llega.

6. Oí un ruido y fui ___ qué sucedía.

7. ¿Cuántas ___ visitaste a tus familiares este año?

8. ¿Cada cuánto se ___ a un nuevo presidente?

9. Una persona puede vivir en un edificio o en una ___.

10. ¿Se lastimó la rodilla cuando se ___ en la escuela?

Escribe las palabras. Escribe las palabras de ortografía en una hoja aparte. Luego escribe una oración con cada palabra para demostrar que sabes lo que significa.

TEKS 5.22G

Lección 27

En esta lección, aprenderás a usar la función de ***verificar la ortografía en el procesamiento de texto*** y conocerás sus limitaciones para reconocer errores en palabras como ***pases*** y ***paces***.

Lee las palabras de ortografía y las oraciones.

ciento/siento

ciervo/siervo

coses/coces

habría/abría

hacer/a ser

losa/loza

hasta/asta

haya/halla

hecho/echo

hierba/hierva

1. Sin mi compañero de equipo me ***siento*** perdido.

2. El cuidador alimentó al ***ciervo***.

3. Cuidado con ese caballo; te dará un par de ***coces***.

4. Quise abrir la puerta rápido, pero no ***abría***.

5. Para investigar, debes aprender ***a ser*** metódico.

6. Mi abuela tiene un juego de ***loza*** antigua.

7. La planta creció tanto que llegaba ***hasta*** el techo.

8. Aunque se ***haya*** esforzado, no logró pasar la evaluación.

9. Después de lo que ha ***hecho,*** no lo perdonarán.

10. Calienta agua hasta que ***hierva***.

Clasifica las palabras de ortografía en dos grupos. Observa las palabras de ortografía y piensa en aquellas con las que usualmente se las confunde. Clasifícalas según difieran en una sola letra o en varias. Luego responde las siguientes preguntas.

- ¿Cómo clasificaste las palabras? ¿En cuántas letras difiere la mayoría de los pares de palabras? ¿Qué te dice esa diferencia?

- ¿Crees que la función de verificar la ortografía de un procesador de texto marcaría estas palabras como incorrectas?

★ **TEKS** 5.22G

Aprende la regla ortográfica.

Existen diferentes recursos que te ayudarán a verificar la ortografía de tus trabajos. Uno de ellos es la función de **verificar la ortografía** de los **procesadores de texto.** Sin embargo, debes tener cuidado al usarla porque tiene algunas limitaciones. Por ejemplo, si escribes:

*Quiero que me **paces** la sal, por favor.*

En este caso, el corrector no marcará *paces* como término incorrecto porque la palabra existe en español (*hacer las paces* significa "reconciliarse"). Por eso, debes usar también otros recursos para verificar la ortografía.

Practica escribir las palabras de esta semana. Responde las preguntas y completa las oraciones.

1. Cuando se desprende un botón, lo ___.

2. ¿Cuál es el sinónimo de *esclavo*?

3. Esta noche voy a ___ una comida especial.

4. ¿Cuál de las palabras nombra un tipo de planta?

5. ¿Cuál es el sinónimo de *laja*?

6. Si sigues peleando, te ___ de mi casa.

7. ___ que confirmar quiénes van a la fiesta.

8. ¿Cuál es el sinónimo de *cuerno*?

9. Conté ___ cincuenta flores en el jardín.

10. Si Hernán ___ su osito de felpa, podrá dormir tranquilo.

Escribe las palabras. Escribe las palabras de ortografía en una hoja aparte. Luego escribe una oración con cada palabra para demostrar que sabes lo que significa.

Lección 28

En esta lección, aprenderás a usar la función de *verificar la ortografía en el procesamiento de texto* y conocerás las limitaciones que tiene para marcar errores en palabras como *cosido* y *cocido*.

Lee las palabras de ortografía y las oraciones.

hizo/izo
hola/ola
honda/onda
ora/hora
pases/paces
peces/peses
seca/ceca
sumo/zumo
tubo/tuvo
vasta/basta

1. Juan no **hizo** lo que le pidieron.
2. En la orilla, una **ola** me mojó los pies.
3. Lanzó una piedra y se formó una **onda** en el lago.
4. Jugamos media **hora** antes de ir a dormir.
5. Cuando **pases** por la tienda, compra azúcar.
6. Mi tío me regaló **peces** de colores.
7. Había una flor **seca** entre las hojas del libro.
8. Mamá preparó un delicioso **zumo** de pera.
9. Al científico se le rompió el **tubo** de ensayo.
10. No **basta** una hora para recorrer esta casa.

Clasifica las palabras de ortografía en tres grupos. Observa las palabras de ortografía y piensa en aquellas con las que usualmente se las confunde. Clasifícalas según los sonidos que tienen en común. Luego responde las siguientes preguntas.

- ¿Cómo clasificaste las palabras?
- ¿Por qué la función de verificar la ortografía de un procesador de texto no detectaría errores en estas palabras?

TEKS 5.22G

Aprende la regla ortográfica.

Existen diferentes recursos que te ayudarán a verificar la ortografía de tus trabajos. Uno de ellos es la función de **verificar la ortografía** de los **procesadores de texto.** Sin embargo, debes tener cuidado al usarla porque tiene algunas limitaciones. Por ejemplo, si escribes:

El pastel no está bien **cosido.**

En este caso, el corrector no marcará *cosido* como un error porque la palabra existe en español (*cosido* es participio de *coser* –con hilo y aguja–). Por eso, debes usar también otros recursos para verificar la ortografía.

Practica escribir las palabras de esta semana. Responde las preguntas y completa las oraciones.

1. ¿Qué palabra usamos para saludar a alguien?

2. ¿Cómo se llama lo contrario de la *cara* en las monedas?

3. ¡Esteban ___ la mejor fiesta de cumpleaños!

4. Todos prestan atención al disertante cuando ___.

5. Se pelearon pero enseguida hicieron las ___.

6. ¿Cuál es un sinónimo de *elevo*?

7. Jugar con una ___ puede ser peligroso.

8. Por favor, quiero que ___ estas frutas.

9. ¿Cuál es un sinónimo de *amplia*?

10. ¿Qué hago si a una cantidad le agrego otra?

Escribe las palabras. Escribe las palabras de ortografía en una hoja aparte. Luego escribe una oración con cada palabra para demostrar que sabes lo que significa.

 **TEKS** 5.22A(i-iv)

Lección 29

En esta lección, repasarás las reglas ortográficas de las **palabras agudas, graves, esdrújulas** y **sobresdrújulas.** Algunos ejemplos son: **reunión, casa, máximo** y **relátamelo.**

Lee las palabras de ortografía y las oraciones.

cómpramelo
azúcar
último
poner
salida
canción
método
solución
útil
tómatelo

1. ¡Qué lindo cachorrito! ¡**Cómpramelo**, papá!
2. Me gusta ponerle **azúcar** y limón al té.
3. El **último** en llegar debe cerrar la puerta.
4. Debes **poner** tus juguetes en su lugar.
5. Los ladrones huyeron por la **salida** de emergencia.
6. Los estudiantes escucharon una **canción** sobre la amistad.
7. No comprendo el **método** para pescar en el río.
8. Encontrar la **solución** al problema era muy difícil.
9. Es muy **útil** saber cómo se usa el diccionario.
10. El remedio te hará bien; **tómatelo** sin protestar.

Clasifica las palabras de ortografía en cuatro grupos. Ten en cuenta la acentuación de las palabras y cómo se escriben. Luego responde la siguiente pregunta.

- ¿Cómo clasificaste las palabras?

TEKS 5.22A(i-iv)

Aprende la regla ortográfica.

Recuerda que según el lugar que ocupe la sílaba tónica, las palabras se clasifican en **agudas, graves, esdrújulas** o **sobresdrújulas** El acento ortográfico (´) es la representación gráfica del acento prosódico.

Palabras	Sílaba con acento prosódico	Tienen acento ortográfico	Ejemplos
Agudas	última	palabras que terminan en -*n, -s* o vocal	reunión, aceptar
Graves	penúltima	palabras que no terminan en -*n, -s* o vocal	casa, árbol
Esdrújulas	antepenúltima	todas	máximo
Sobresdrújulas	anterior a antepenúltima	todas	relátamelo

Practica separar en sílabas las palabras de esta semana. Responde las preguntas y completa las oraciones.

1. Mamá preparó un pastel y le puso ___.

2. Este jugo es rico. ___, te lo recomiendo.

3. ¿Cómo se llama la respuesta a un enigma?

4. ¿Cuál es el antónimo de *primero*?

5. Quiero un muñeco nuevo. ___, por favor.

6. ¿Qué canta un cantante con un micrófono?

7. ¿Por dónde sales de un edificio?

8. ¿Cómo es algo que te sirve?

9. Aprendí un nuevo ___ para calcular las sumas.

10. Quiero ___ todos mis libros en un estante.

Escribe las palabras. Escribe las palabras de ortografía en una hoja aparte. Luego escribe una oración con cada palabra para demostrar que sabes lo que significa.

A. PATO

 **TEKS** 5.22B, 5.22D

Lección 30

En esta lección, repasarás las reglas ortográficas de las palabras con *hiatos* y *diptongos*. Algunos ejemplos son *reina, cuadro, leía* y *poema*. También repasarás la *acentuación de verbos conjugados*. Algunos ejemplos son *saludé, curábamos* y *habías recorrido*.

Lee las palabras de ortografía y las oraciones.

peine
país
reunir
nieve
poeta
salí
cantábamos
habías tomado
viajaría
ayudaré

1. Todas las mañanas me desenredo el cabello con el *peine.*
2. Vivimos en un gran *país* lleno de oportunidades.
3. Las niñas quieren *reunir* dinero para donar a caridad.
4. En la montaña había *nieve* y esquiamos todo el día.
5. La obra de este *poeta* se lee en todo el mundo.
6. Cuando *salí* de la escuela me esperaba mi mamá.
7. En el coro *cantábamos* canciones muy bellas.
8. Me aseguraste que *habías tomado* todas las precauciones.
9. El payaso dijo que *viajaría* a trabajar en otro estado.
10. No te preocupes, yo te *ayudaré* a resolver tus problemas.

Clasifica las palabras de ortografía en tres grupos. Lee las palabras y observa qué vocales tienen y cómo se unen. Clasifícalas según tengan hiato o diptongo. También piensa si las palabras corresponden a un verbo conjugado. Si es así, indica a qué tiempo y persona pertenecen.

TEKS 5.22B, 5.22D

Aprende **la regla ortográfica.**

Recuerda que se llama **diptongo** a la unión en una misma sílaba de dos vocales. Hay **hiato** cuando el diptongo se rompe y las vocales se encuentran en sílabas distintas.

Diptongo: rei-na, cua-dro
Hiato: le-í-a, po-e-ma

También recuerda que los **verbos conjugados** siguen ciertos patrones de acentuación, según la terminación del infinitivo, el tiempo verbal y la persona del verbo conjugado.

saludé curábamos veías habías recorrido atenderías visitaré iremos

Practica **separar en sílabas las palabras de esta semana.** Responde las preguntas y completa las oraciones.

1. ¿Qué cae cuando hace mucho frío?
2. ¿Cómo se llama alguien que escribe poesía?
3. ¿Qué palabra es un sinónimo de *juntar*?
4. ¿Qué usas para arreglarte el cabello?
5. ¿Qué es Canadá?
6. Ayer me quedé dormido y ___ corriendo para la escuela.
7. Nosotros ___ melodías cuando sonó un trueno.
8. Te ___ a preparar las maletas para el viaje.
9. Mi papá me dijo que ___ a la costa este por su trabajo.
10. Me dijiste que ___ todo el té, pero todavía queda un poco.

Escribe **las palabras.** Escribe las palabras de ortografía en una hoja aparte. Luego escribe una oración con cada palabra para demostrar que sabes lo que significa.